초등 유튜버의 우리나라 지리 여행

글 **안현경**

서울대학교에서 지리학을, 이화여자대학교 에코 과학부에서 행동 생태학을 공부했어요. 어린이책 편집자, 대학교 연구원, 지역 신문 기자 등 다양한 경험을 쌓고 글을 쓰고 있답니다. 지은 책으로《사회는 쉽다! 6: 국토와 주권》《사회는 쉽다! 15: 세계 지리와 세계 시민》 등이 있어요.

그림 **이창우**

부산대학교 미술학과를 졸업하고 일러스트레이터가 되어 만화와 그림을 그리고 있어요. 〈서울경제신문〉〈조선일보〉〈어린이동아〉〈독서평설〉 등 다양한 매체에 일러스트 작업을 했고,《웃다 보면 알게 되는 저학년 수수께끼》《웃다 보면 알게 되는 저학년 관용구》《미생물은 힘이 세! 세균과 바이러스》《4학년 5반 불평쟁이들》 등 다양한 책에 그림을 그렸어요.

감수 **한동균**

서울교육대학교 사회교육과 교수로 예비 교사들에게 사회과(지리) 교육이 얼마나 유용하고 재미있는지 알리고 있어요. 2009년, 2015년, 2022년 개정 사회과 교과용 도서 개발 연구진과 집필진으로 참여했어요. 사회과 수업에 대한 다양한 연구와 실천을 계속해서 진행하고 있답니다. 쓴 책으로《현대 지리교육학의 이해(공저)》《사회과 활동 중심 수업과 과정 중심 평가(공저)》 등이 있어요.

지리 톡 세계 Talk

초등 유튜버의 우리나라 지리 여행

글 안현경 · 그림 이창우

스푼북

작가의 말

우리는 여행자예요. 가까운 이웃 동네든 처음 보는 멀고 낯선 도시든, 한 번쯤 가 보았다면요. 또 우리는 지리학자이기도 해요. 여행지의 새로운 풍경과 음식을 경험하고 내가 살던 곳과 비교해 보며 알아가니까요. 먼 옛날 지리학자들은 여행을 다녀와 그곳의 자연환경이나 사람들이 생활하는 모습을 기록으로 남기곤 했어요.

《초등 유튜버의 우리나라 지리 여행》은 우리나라 여러 지역의 자연환경에 대해 알아보는 책이에요. 우리나라는 중국이나 미국, 오스트레일리아와 비교하면 무척 작은 나라예요. 그렇지만 삼면이 바다인 데다 바다마다 특징이 달라요. 그뿐인가요? 서쪽과 동쪽의 지형도, 북쪽과 남쪽의 기후도 서로 다르지요. 그래서 지역마다 자연환경에서 비롯된 특색 있는 맛집, 체험, 축제, 이야기가 있어요. 이런 걸 '지역색'이라고 불러요.

여러분이 우리나라를 여행하면서 그 지역만의 특성을 찾아서 체험해 보면 좋겠어요. 살던 곳과 다르고 낯선 부분은 여러분을 설레게 하고 지리

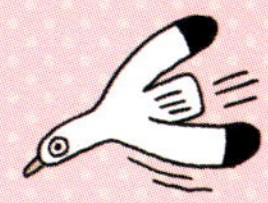

적인 호기심을 일깨워 줄 거예요. 그런 경험을 모아 꼭 친구들에게 소개해 보세요. 쩝쩝 박사 시윤이처럼요.

명절이면 찾아가는 엄마 아빠의 고향이나 휴가철에 자주 가는 여행지에 대해 어떻게 더 멋지게 자랑할 수 있을까요? 가는 방법, 유명한 음식과 독특한 체험, 축제 등을 지리 이야기로 풀어내다 보면, 어느 순간 지리학자 못지않은 크리에이터가 되어 있을 거랍니다.

이야기 친구 **안현경**

차례

시윤 Tube

@시윤

안녕하세요. 쩝쩝 박사 시윤이입니다!

구독 가입

프롤로그 10

쩝쩝 박사 채널에 오신 것을 환영합니다!

1 우리나라의 중심 도시

서울특별시 16

#서울 #남산 #남대문 시장 #수도
#배산임수 #서울시티투어 버스 타기
#떡볶이

2 자연이 조각한 바위를 찾아서

경기도 26

#경기도 #가평 #항아리 계곡 #자라섬
#곡류 하천 #삼각주 #선상지
#동고서저 #잣 까기 #잣 아이스크림

3 구름도 쉬어 가는 백두대간
강원특별자치도 36

#강원도 #강릉 #백두대간 #산곡풍
#고랭지 #콧등치기국수 #감자 #동치미

4 여기에는 OO가 없다?
충청북도 46

#충청북도 #충주호 #단양 #고수 동굴
#활옥 동굴 #내륙 #호수 #댐 #저수지
#동굴 #유람선 타기 #보트 타기 #고추냉이
아이스크림 #올갱이국 #도리뱅뱅

5 아주 특별한 내륙 분지
경상북도 56

#경상북도 #대구 #분지 #화산섬
#자전거 타기 #육개장

6 쪽배 타고 늪지대 속으로!
경상남도 66

#경상남도 #창녕 #우포늪 #습지 #쪽배 타기 #미꾸라지 잡기 #추어탕 #양파 절임 #따오기 쌀밥

7 낭만 가득한 다도해 탐험
전라남도 74

#전라남도 #여수 #다도해 #해안선 #돌산 #간장게장 #멍게비빔밥 #갓김치

8 화산이 만든 섬
제주특별자치도 82

#제주도 #산굼부리 #비자림 #섬 #분화구 #현무암 지대 #오름 #화산송이 #맨발 걷기 #제주 흑돼지

9 머나먼 지평선을 향해
전북특별자치도 92

#전라북도 #김제 #호남평야 #지평선
#평야 #퇴적 작용 #인공 저수지
#청보리 한우

10 생명의 터전 갯벌 체험
충청남도 100

#충청남도 #서천 #갯벌 #서해
#열기구 타기 #조개 캐기 #조개칼국수

11 다음 여행지는 어디?
북한 108

깜짝 게스트와의 인터뷰!

프롤로그

쩝쩝 박사 채널에 오신 것을 환영합니다!

안녕하세요. 쩝쩝 박사 시윤이입니다! 저는 먹는 걸 좋아해서 별명이 쩝쩝 박사예요. 여행하는 먹방 유튜버가 꿈인데요, 이번에 방과 후 수업으로 영상 만들기를 배워서 쩝쩝 박사 채널을 만들었답니다!

이번 방학에는 엄마와 전국을 다니며 직접 영상을 만들어 올릴 거예요. 그 지역에 대해 알아보고, 맛집도 가고, 체험거리도 담으려고요. 엄마 말로는 산, 강 같은 자연환경과 사람들이 만든 집, 도시 같은 인문 환경이 어떻게 생기고 서로 달라지는지 배우는 학문을 **지리**라고 한대요.

여행을 떠나기 전 우리나라에 대해 잠깐 알아볼까요? 우리나라를 흔히 한반도라고 말하는데요, 여기에는 지리적 특성이 담겨 있어요. 우리나라 땅은 한 면만 육지에 연결되어 있고, 나머지 삼면은 바다에 둘러싸여 있어요. 이런 모양을 **반도**라고 하는데, 여기에 한민족을 뜻하는 '한(韓, 한국 한)' 자를 붙여 '한반도'라고 부르는 거예요.

한반도는 중국과 러시아와 이웃하고, 바다 건너 일본과 마주하고 있어요. 하지만 남북한이 분단되어 자유롭게 오고 갈 수 없게 되자 남한은 마치 '섬'처럼 되었답니다.

지구본을 놓고 보면 우리나라는 북쪽의 북극과 남쪽의 적도 사이에 있어요. 그래서 북극의 한대 기후와 적도의 열대 기후 중간의 **온대 기후**에 속하지요. 또 한반도는 남쪽과 북쪽으로 길게 펼쳐진 모양새인데, 크게 북부 지방, 중부 지방, 남부 지방으로 나뉘어요. 북부 지방은 춥고 비가 적게 내리고, 남부 지방은 따뜻하고 비가 많이 내려요. 중부 지방은 북부와 남부 사이에 끼어서 중간적인 특징이 나타나지요.

우리나라는 사계절이 뚜렷해요. 여름에는 무덥고 비가 자주 오는 반면, 겨울에는 몹시 춥고 건조해요. 여름과 겨울 사이에 온화한 봄과 시원한 가을이 끼어 있지요. 저는 가을이 가장 좋은데, 요즘에는 기후 위기로 봄과 가을이 갈수록 짧아지는 게 느껴져서 슬프네요.

우리나라는 봄이면 여기저기 화사한 꽃들이 피어나요. 지역별로 꽃 축제를 열어 나들이하기 좋지요. 하지만 서쪽에서 먼지와 모래 입자가 함께 날아오는 '황사 현상'이 심할 수 있으니 주의해야 해요.

6월 하순쯤부터는 비가 자주 오는 '장마철'이 시작돼요. 보통 한 달 정도 이어지는데, 요즘은 기후 위기로 장마 기간이 길거나 짧을 때도 있어요. 장마가 끝난 뒤에는 강한 바람과 많은 비를 동반한 '태풍'이 오기도 해요. 태풍은 한반도 아래쪽 태평양에서 발생해 아시아 대륙의 동쪽으로 이동하는 열대성 저기압을 말해요. 태풍이 오면 거센 바람이 불면서 많은 비가 내려 큰 피해를 주지요.

위에서부터 시계 방향으로 봄(경복궁), 여름(남산), 가을(남이섬), 겨울(설악산) 풍경이에요.

최북단
유원진
최서단
마안도(비단섬)
나와 함께
전국을 여행할 사람~.
구독과 좋아요
필수!
최동단
독도
최남단
마라도

한반도의 겨울은 비슷한 위도에 있는 다른 나라들보다 더 추운 편이에요. 북쪽에 있는 시베리아에서 차가운 바람이 세게 불어 내려오기 때문이랍니다.

2025년을 기준으로 우리나라의 행정 구역은 1개의 특별시(서울특별시), 6개의 광역시(인천광역시, 대전광역시, 광주광역시, 대구광역시, 부산광역시, 울산광역시), 3개의 특별자치도(강원특별자치도, 전북특별자치도, 제주특별자치도), 그리고 6개의 도(경기도, 충청남도, 충청북도, 전라남도, 경상남도, 경상북도), 1개의 특별자치시(세종특별자치시)로 이루어져 있어요.

행정 구역의 대략적인 위치를 알아두면 아는 척하기 딱 좋아요. 어디 특산물이라고 했을 때 "아, 거기!"라고 바로 정답이 튀어나와야 똑똑한 여행 유튜버 아니겠어요?

앞으로 전국의 다양한 지리 정보와 쩝쩝 정보를 알려 드릴 테니 구독과 좋아요, 알림 설정 부탁드려요!

북한산
김포 국제 공항
양천 향교
광화문
덕수궁
N 서울 타워
롯데 월드 타워
국회 의사당
서울 종합 운동장

1

우리나라의 중심 도시 서울특별시

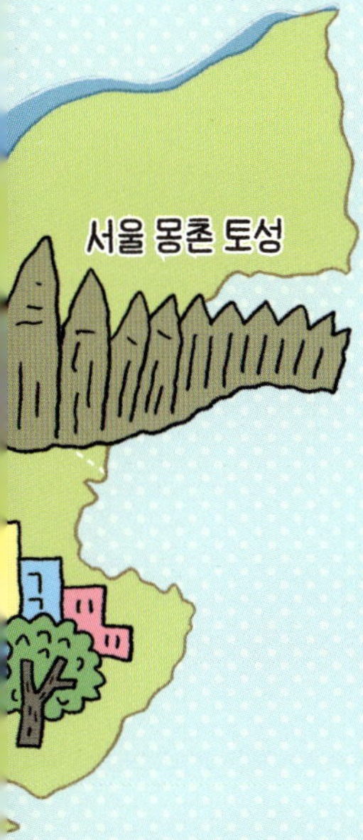

여행지	서울	남산	남대문 시장
지리 키워드	수도	배산임수	
체험 활동 및 음식	서울시티투어 버스 타기	떡볶이	

안녕하세요? 쩝쩝 박사 시윤이에요. 오늘은 지리 여행 첫날이에요. 어디에서 시작할까 열심히 고민했는데요. 서울에서 출발하기로 했어요. 서울은 대한민국의 수도이고, 천만 명에 가까운 사람이 모여 사는 엄청나게 큰 도시니까요. 우리나라에서 외국 관광객들이 가장 많이 방문하는 도시도 서울이래요. 아무래도 대중교통으로 돌아다니기가 편리해서 그런가 봐요.

대도시라고 해서 모든 나라가 대중교통이 잘되어 있고 밤에도 안전한 건 아니라고 하더라고요. 그래서 오늘은 관광객처럼 서울 여행을 해 보려고 해요. 서울시티투어 버스를 타면 설명을 들으면서 서울의 유명한 곳들을 한 바퀴 돌아볼 수 있답니다. 외국 사람이 많아서 마치 외국에 온 거 같네요. 헬로, 하이! 아임 키즈 유튜버.

서울은 조선 시대 내내 수도였기 때문에 경복궁이나 남산골 한옥 마을 같은 전통 건축물을 쉽게 찾아볼 수 있어.

우리는 지금 서울 한가운데에 있는 남산으로 올라가고 있어요. 남산에 오르면 서울의 모습을 한눈에 볼 수 있거든요.

수도는 한 나라의 중심이 되는 도시로, 왕이나 정부가 나라를 다스리는 곳이에요. 서울은 백제와 조선의 수도였는데, 그 시기를 모두 합치면 천 년이 넘는다고 해요.

한 나라의 수도가 되려면 여러 지역에 가기 쉬워야 해요. 또 물이 풍부하고 땅이 넓어서 많은 사람이 모여서 살 수 있어야 하고요. 서울은 한반도의 중간쯤에 있으면서 물이 풍부한 한강과 너른 땅이 있어요. 수도의 조건을 완벽하게 갖춘 셈이죠!

우리나라에서는 **배산임수**라고 해서 뒤로는 산이 있고, 앞으로는 물이 있는 곳을 살기에 가장 좋은 곳이라고 여겼어. 강 주변에는 물에 실려 온 흙과 모래가 쌓이면서 넓고 평평한 땅이 생기는데, 그런 땅은 사람들이 농사를 짓기에 좋았지. 또 옛날에는 많은 물건을 먼 거리까지 운송하는 데 물길을 이용했기 때문에 주로 강 주변으로 큰 도시들이 생겨났어.

사람들이 물을 중요하게 여겼다는 건 지명을 봐도 알 수 있어요. 서울에는 물과 관련된 동네 이름이 많아요. '상계동'은 한강의 지류인 중랑천의 맨 위쪽에 자리 잡은 계곡이라는 뜻에서 붙은 이름이고, '온수동'은 옛날이 지역에서 더운물이 나왔기 때문에 붙은 이름이라고 해요. '옥수동'이나 '약수동'은 맛있고 몸에 좋은 물이 나왔다고 해서 붙은 이름이고요.

처음부터 서울이 지금의 모양과 같지는 않았어. 1960년대 이후에 한강의 남쪽을 본격적으로 개발하면서 경기도 일부 땅이 서울에 포함되었어. 이후 한강을 중심으로 서울을 강북, 강남, 강동, 강서로 부르게 되었지.

지금은 수십 개의 다리가 놓여서 한강 남쪽과 북쪽을 자유롭게 오갈 수 있어. 강 아래로는 터널도 만들어 지하철이 다니고 말이야. 이렇게 사람들은 산과 강처럼 자연이 오랜 시간 걸쳐 만들어 낸 지형을 이용하기도 하고, 때로는 바꾸기도 하면서 살아가고 있지.

좀 걷고 나니까 출출하네요. 쩝쩝 박사의 눈이 빛나는 시간입니다. 서울에서는 전국의 맛난 음식은 물론 세계의 유명한 음식들도 맛볼 수 있어요. 하지만 오늘은 가까운 남대문 시장에 가서 저를 포함한 어린이들이 너무나 좋아하는 떡볶이를 먹어 볼 거예요.

떡볶이는 조선 시대에도 있었던 전통 음식이야. '궁중떡볶이'라는 말 들어 봤지? 그때는 간장 양념에 고기와 채소를 떡과 함께 볶아 만들었어. 쌀이 귀한 시절에 쌀을 떡으로 빚어 만든 떡볶이는 아주 귀한 음식이라서 궁궐에서나 볼 수 있었어.

이 맛있는 걸 궁에서만 먹었다고요? 너무하네! 근데 간장 양념이라고요? 떡볶이는 빨간 양념 아니에요?

고추장을 넣은 떡볶이는 1950년대에 서울의 신당동에서 처음 판매되었어. 그래서 신당동에 가면 떡볶이 골목이 있단다. 고추장을 넣

서울 중심부의 경복궁은 대표적인 배산임수 지역이에요. 뒤에는 북악산이 서 있고, 앞에는 청계천이 흐르지요.

은 떡볶이가 컵에 담겨 팔리고 길거리 음식으로 인기를 얻으면서 종류도 엄청나게 다양해졌지.

쫀득쫀득 맵고 달고 너무 맛있어요! 하지만 전 찝찝 박사니까 간장 양념인 궁중떡볶이도 먹어 봐야겠어요. 엄마, 다음에는 궁중떡볶이 사 주세요!

오늘 둘러본 곳은 남산 주변이었어요. 저는 재밌었는데 여러분은 어떠셨나요? 앞으로 더 알찬 정보 준비할 테니 구독과 좋아요, 알림 설정 많이 많이 부탁드려요!

서울 더 알아보기

대한민국의 수도로 930만 명(2025년 기준)이 넘는 인구가 살아요. 오랫동안 우리나라의 수도였던 만큼 정치뿐만 아니라 경제, 문화, 산업의 중심지이기도 하지요. 또 유물과 유적이 많아 관광객들이 많이 찾는 역사 도시이기도 하답니다.

외국 사람들이 서울에 와서 가장 놀라는 건 수도에 산이 많다는 거래요. 북쪽에는 북한산, 동쪽에는 용마산, 남쪽에는 관악산 등으로 둘러싸여 있을 뿐만 아니라 크고 작은 고개도 많지요.

옛날에는 산을 이용해 성곽을 쌓아 수도를 방어하고, 봉화를 올려 전국 각지의 급한 일을 알 수 있도록 했어요. 봉화는 산에 불을 피워 신호하는 걸 말하는데, 남산에 가면 봉화를 사용했던 흔적을 아직도 찾아볼 수 있어요.

서울 곳곳에 있는 산과 구릉은 둘레길이나 산책로로 꾸며져 시민들의 쉼터 역할을 하고 있답니다.

가 볼 만한 곳

숭례문, 경복궁, 광화문 광장, N 서울 타워, 인왕산, 한강 공원

❶ 광화문(종로)은 조선 시대 궁궐인 경복궁의 정문이에요.

❷ 남산에 있는 N 서울 타워에 오르면 서울 도심을 한눈에 볼 수 있어요.

❸ 서울 시민들의 쉼터가 되어 주는 여의도 한강 공원이에요.

판문점
포천 아트 밸리
청평댐
임진각 국민 관광지
두물머리
광명 동굴
인천 국제 공항
에버랜드
수원 화성
제부도항 방파제 등대
이천 도자기
한국 민속촌

2

자연이 조각한 바위를 찾아서
경기도

여행지 경기도 | 가평 | 항아리 계곡 | 자라섬

지리 키워드 곡류 하천 | 삼각주 | 선상지 | 동고서저

체험 활동 및 음식 잣 까기 | 잣 아이스크림

안녕하세요. 시윤이에요. 첫 여행 영상을 찍고 엄마랑 앱으로 편집해서 올렸는데, 어떠셨나요? 저는 신기하고 뿌듯해서 몇 번씩 돌려봤어요. 주변 친구들한테도 어떤지 물어봤는데 재밌었대요. 혹시 여러분도 궁금한 점이나 의견 있으면 댓글로 남겨 주세요!

오늘은 짐을 꽁꽁 쌌어요. 본격적으로 여행을 시작할 거거든요. 오늘 가는 곳은 서울의 동쪽, 경기도에 있는 가평이에요. 경기도의 지형은 강원도와 맞닿은 쪽은 높고, 한반도의 서쪽 바다인 '서해'로 갈수록 낮아져요. 이런 걸 **동고서저**라고 부른대요.

서울을 흐르는 한강은 동고서저의 지형을 따라 서해로 흘러 내려가요. 경기도 양평 부근에서 남한강과 북한강이 만나 큰 줄기를 이루는데 두 물이 만난다고 해서 이곳을 '두물머리'라고 불러요. 멋들어진 풍경으로 사진가들에게 인기인 장소지요. 우리는 북한강 쪽인 가평으로 갈 거예요.

자, 저는 지금 가평의 한 계곡에 도착했어요. 신기하게 도 이름부터 항아리 계곡이랍니다! 돌 사이가 둥글게 움푹움푹 패어 있어서 돌개구멍이

라고도 불리는데, 세찬 물이 바위 안을 깎아서 만든 거라고 해요. 바위를 깎을 정도라니 물살의 힘이 정말 센가 봐요. 이렇게 물의 양이 많고 물의 속도가 빠른 곳에서는 돌을 깎아 내는 **침식 작용**이 활발해요. 높은 산이 많은 가평에서는 항아리 계곡처럼 멋진 계곡과 폭포가 많답니다.

하천이 시작되는 곳은 상류, 내려오는 곳은 하류라고 말해. 하류는 바다와 만나게 되지. 침식 작용이 활발한 상류에서는 거센 물살이 땅을 깎으며 흘러. 그러다 하류에 다다를수록 물살이 느려지고 구불구불한 뱀 모양으로 흐르는데, 이것을 **곡류 하천**이라고 부르지. 경기도 포천을 지나는 한탄강에서 멋진 절벽과 협곡을 볼 수 있는 것도 다 하천이 구불구불한 덕분이야.

물줄기가 모여 물의 양이 많아지고 속도가 느린 강의 하류에는 진흙이나 모래 같은 고운 흙이 쌓여요. 이런 고운 흙이 평평하게 쌓인 것을 **삼각주**라고 부르지요. 이 삼각주에는 평평하고 너른 땅이 만들어져서 예부터 농사를 짓고 사람들이 모여 살기에 아주 좋았어요. 우리나라에는 경상남도 김해의 낙동강 삼각주가 대표적이랍니다. 경기도 파주시에도 한강 하류에 모래가 쌓여 만들어진 삼각주가 있어요! 재두루미가 겨울을 보내는 곳으로도 유명하지요.

강의 상류에 생기는 삼각형 모양의 땅도 있어. 부채 모양을 닮았다고 해서 **선상지**라고 부르지. 모양은 삼각주와 비슷하지만, 선상지에는 자갈 같은 굵은 흙이 쌓여서 물이 잘 빠져. 반면에 삼각주에는 모래와 진흙처럼 곱고 부드러운 흙이 쌓여서 물이 선상지에 비해 잘 빠지지 않는다는 점이 달라.

자, 이번에는 쩝쩝 박사가 나설 차례입니다. 가평에서 먹어 볼 음식은 바로 잣이에요. 잣은 잣나무의 열매인데, 잣나무는 소나무처럼 뾰족한 잎을 가져서 추위에 강해요. 그래서 높은 산에서 많이 볼 수 있지요. 가평군은 지대가 높아서 잣나무가 자라기에 좋은 환경이라고 해요. 품질도 우수해서 전국 생산량의 절반가량을 차지한다고 하네요.

그런데 높은 나무 위로 올라가서 잣송이를 거두는 일이 정말 어렵다고 해요. 예전에는 나무 타기 선수인 원숭이들을 훈련해서 잣을 따려고 했는데, 원숭이들이 잣나무에서 나오는 끈적끈적한 송진을 싫어해서 실패하고 말았대요. 원숭이들이 잣을 가지고 내려오는 모습이라니, 상상만 해도 재밌네요! 이처럼 잣으로 유명한 가평에 왔으니 직접 잣 까기 체험을 해 보겠습니다.

아, 정말 힘들어요. 이렇게 얻은 잣으로 잣 두부, 잣 빵, 잣 쿠키 등을 만

든다고 합니다. 우리는 잣을 넣은 쿠키와 아이스크림을 만들어 먹었어요. 엄청 고소하고 맛있는데요? 원숭이들이 이걸 먹어 봤으면 잽싸게 나무에 올라갔을 텐데, 아쉽지 뭐예요!

오늘은 자라섬 캠핑장에서 잘 거예요. 자라섬은 강 한가운데에 있는 섬이에요. 강에 생기는 섬은 땅이 강물에 의해 점점 깎이다가 남아서 생길 수도 있고, 강물이 옮겨온 퇴적물이 쌓여서 만들어질 수도 있어요. 또 댐 때문에 강물 높이가 높아져 땅이었던 곳이 잠겨서 생길 수도 있죠.

자라섬은 북한강 상류에 댐이 생기면서 땅이 잠겨 섬이 되었다고 해요. 가을이면 유명한 재즈 페스티벌도 열린다고 하네요. 자라섬에서 강만 건너면 바로 강원도예요. 다음 시간에는 강원도에서 만나요!

자라섬의 모습이에요. 강 건너 강원도가 보인답니다.

경기도 더 알아보기

경기도는 '서울과 그 주변 지역'이라는 뜻이에요. 무려 1,369만 명(2025년 기준)이 살고 있지요. 경기도에서는 서남쪽의 너른 땅과 바다, 북동쪽의 높은 산 등 다양한 지형을 두루 볼 수 있어요. 서울특별시와 인천광역시, 경기도를 포함한 지역을 '수도권'이라고 하는데, 수도권에 대한민국 전체의 절반이 넘는 인구가 살고 있다고 해요. 서울과 지리적으로 가까운 경기도는 서울에 몰린 인구를 분산시키는 역할을 해요. 수많은 사람이 경기도에 살면서 서울에 있는 일터나 학교, 병원으로 향하지요. 때로는 쇼핑을 하러 가기도 한답니다.

또 경기도에는 농산물을 재배하는 곳도 많아요. 비닐하우스에서 사시사철 채소와 과일 등을 길러 수도권에 사는 사람들에게 신선한 먹거리를 제공하지요. 서울을 빠져나온 공장 단지들도 많아요. 이렇게 경기도는 서울에 집중되어 있던 역할을 나누어 가진답니다.

가 볼 만한 곳

자라섬, 수원 화성, 포천 아트 밸리, 두물머리

❶ 수원시에 있는 수원 화성이에요. 1796년에 완공되었지만, 한국전쟁으로 훼손되어 후에 복원했답니다.

❷ 포천 아트 밸리에 가면 호수와 화강암 절벽이 어우러진 풍경을 만나 볼 수 있어요.

❸ 두물머리(양평)는 철새와 노을이 유명하답니다.

고성 통일 전망대
고석정
평화의 종 공원
두타연 계곡
설악산
낙산사
속삭이는
자작나무 숲
남이섬
유원지
수타사
월정사
횡성 한우
횡성호수길
정선 아리랑 사
소금산 그랜드밸리
영월 한반도 지형

3

구름도 쉬어 가는 백두대간 강원특별자치도

여행지 강원도 강릉

지리 키워드 백두대간 산곡풍 고랭지

체험 활동 및 음식 곳등치기국수 감자 동치미

자라섬에서 푹 자고 이동해서 강원도 강릉에 도착했어요. 강원도 하면 뭐가 떠오르시나요? 쩝쩝 박사인 제 머릿속에는 감자가 제일 먼저 떠오르네요. 사실 강원도는 겨울 스포츠인 스키, 스노보드를 빼고 이야기할 수 없어요. 2018년 평창 동계 올림픽이 열리기도 했으니까요. 저도 겨울에 종종 스노보드를 타러 가곤 했답니다. 처음에는 좀 무서웠는데 이제는 정말 재미있어요!

여름에는 동해의 파도타기가 인기예요. 파도가 일정하고 바람이 좋거든요. 겨울에는 스노보드, 여름에는 파도타기라니! 이렇게 계절별로 다양한 스포츠를 즐길 수 있는 곳은 많지 않다고 해요.

강원도에는 설악산, 오대산 등 높은 산들이 많아. 그래서 겨울에 눈이 많이 오면 잘 녹지 않지. 덕분에 스키나 스노보드를 즐길 수 있는 거란다.

우리나라는 땅의 대부분이 산이어서, 산이 많은 나라라고도 불려요. 어느 정도냐면, 전체 땅의 70퍼센트 가까이가 산지랍니다. 그중에서도 강원도에는 높은 산들이 오밀조밀 몰려 있지요. **백두대간**은 백두산에서 두류산, 금강산, 설악산, 오대산, 태백산, 속리산, 덕유산, 지리산으로 이어지는 큰 산줄기를 말해요. '한반도의 척추'라고도 불리는 백두대간의 주요 산들이 강원도에 밀집해 있답니다.

산지에서는 평평한 땅에서보다 해가 늦게 뜨고 빨리 떨어져요. 그래서 산에 갈 때는 평소보다 더 따뜻하게 옷을 챙겨 입어야 하지요. 또 산에서는 바람의 방향도 낮과 밤에 따라 바뀌어요. 낮에는 산봉우리가 산골짜기보다 햇볕을 많이 받아서 공기가 더워져요. 더워진 공기는 위로 올라가고 그 자리를 메우기 위해 산골짜기에서 산 정상으로 바람이 불어오지요.

반대로 밤이 되면 산봉우리의 기온이 더 빨리 식어서 공기가 차가워져요. 차가워진 공기는 무거워서 산봉우리에서 골짜기 쪽으로 바람이 불어요. 낮과는 반대로 바람이 부는 거지요.

이처럼 시간에 따라 바람의 방향이 바뀌기 때문에 산불이 나면 잡기가

쉽지 않고, 바람과 날씨를 관측하기도 어렵답니다.

강원도의 먹거리는 높은 산지와 관련된 것이 많아. 논농사를 짓기가 어렵기 때문에 쌀 대신 감자나 메밀을 주로 먹었어. 메밀은 쌀이나 밀과 달리 춥거나 척박한 땅에서도 잘 자라거든. 각종 영양소가 풍부해서 요즘에는 건강식품으로 사랑받고 있지. 오늘 점심 메뉴는 바로 메밀로 만든 국수야.

여러분, 오늘 점심은 쩝쩝 박사가 가장 좋아하는 국수랍니다!

강원도에는 콧등치기국수나 올챙이국수처럼 재미난 이름을 가진

음식이 있어. 콧등치기국수는 감자와 메밀을 섞어서 만든 국수인데, 가락이 억세서 먹을 때 콧등을 친다고 해서 붙은 이름이야. 옥수숫가루로 만든 올챙이국수는 생긴 모양을 보고 붙인 이름이지.

오늘 먹은 음식은 콧등치기국수와 강원도 특산물인 감자예요. 탱탱하고 쫄깃쫄깃한 면발이 정말 맛있었어요. 식당에서 주신 동치미 국물도 꿀맛이었고요!

고랭지 무로 만든 동치미라는구나. **고랭지**란 높은 산지에 있어 여름에도 시원한 곳을 말해. 이곳은 기온이 낮고 일교차가 커서 배추, 감자 같은 서늘한 기후 작물을 재배하기에 적합해. 고랭지 채소는 씹는 맛이 일품이라 인기가 좋아.

강원도에는 높은 지대가 많아서 고랭지 채소가 유명한 거군요! 배도 불렀으니 이제 다음 지역으로 가 볼까요?

▼ 강릉시에 있는 고랭지 배추밭이에요. 높은 산이 많은 강원도에는 고랭지 밭이 많답니다.

강원도 더 알아보기

강원도는 강릉과 원주의 첫 글자를 따서 만든 이름이에요. 땅 크기는 크지만, 대부분이 산지라서 인구는 적어요. 예전에는 태백산맥을 중심으로 지하자원을 캐는 광업이 번성했지만, 지금은 고랭지 농업과 자연을 즐기는 관광업으로 유명하지요. 양양의 서피비치는 우리나라 최초의 파도타기 해변이기도 해요. 해마다 맑고 푸른 바다를 보러 수많은 관광객이 강원도의 바닷가를 찾는답니다. 유명한 해돋이 장소인 정동진도 강원도 강릉에 있어요!

또 높은 산을 활용한 스키와 스노보드, 거센 물살을 타고 내려오는 래프팅, 그리고 옛날 철길을 활용한 레일 바이크 등 다양한 활동도 즐길 수 있어요.

동해는 우리나라 바다 중 가장 깊은 바다예요. 또 차가운 물인 한류와 따뜻한 물인 난류가 만나는 곳이기도 하지요. 예전에는 오징어와 명태가 많이 잡혔지만, 최근에는 바닷물 온도가 올라가면서 두 어종 모두 잡히는 양이 크게 줄었어요.

가 볼 만한 곳

정동진, 철원·평강 용암 대지, 설악산, 의상대

❶ 눈 내린 설악산의 모습이에요. 사시사철 아름다운 풍경을 보기 위해 많은 사람이 이곳을 찾는답니다.
❷ 낙산사(양양)에 있는 의상대는 동해를 바라보며 지은 정자예요.

청풍호 관광 모노레일
단양 마늘
충주 사과
철 박물관
충주호
진천 길상사
수안보 온천
단양 고수
김시민 장군 유허지
증평 인삼
수암골 벽화 마을
문의 문화재 단지
보은 삼년산성
정지용 문학관
난계 국악 박물관

4

여기에는 ○○가 없다? 충청북도

여행지 충청북도 | 충주호 | 단양 | 고수 동굴 | 활옥 동굴

지리 키워드 내륙 | 호수 | 댐 | 저수지 | 동굴

체험 활동 및 음식 유람선 타기 | 보트 타기 | 고추냉이 아이스크림 | 올갱이국 | 도리뱅뱅

오늘은 충청북도에 갈 거예요. 여기서 문제! 충청북도에는 '이것'이 없습니다. 충청북도처럼 '이것'이 없는 곳을 '내륙'이라고 말하는데요, '이것'은 무엇일까요? 답은 영상 마지막 부분에 알려드릴게요!

강원도에서 남한강을 따라 아래로 내려가다 보면 충청북도가 나오는데요, 여기에 아주 넓은 호수가 있다고 합니다.

호수가 생기는 원인은 다양해. 호수는 한때 바다나 강이었던 곳이 흙이나 모래로 막혀서 생기기도 하고, 땅이 움푹 파인 곳에 빗물이나 지하수가 고여 생기기도 해. 이밖에도 사람이 댐을 지어 강물을 막아 호수를 만들기도 하지. 강원도의 경포호처럼 한때 바다였던 곳은 짠물일 수도 있어. 호수는 농업용수를 제공하기도 하고, 풍경이 아름다워서 관광업에 이용되기도 해.

제 뒤로 커다란 호수가 보이시나요? 우리는 지금 육지 속의 바다라고도 불리는 충주호에 도착했어요. 충주댐을 세우면서 만들어진 호수인데 충주와 제천, 단양 세 지역에 넓게 걸쳐 있다고 해요. 충주댐은 남한강이 흐르는 양을 조절하고, 그 힘으로 전기를 생산한다고 해요. 우리나라는 여름에 집중적으로 비가 오기 때문에 농사를 짓고 생활에서 사용할 물을 마련하기 위해 인공 호수를 많이 만들었대요. 유람선을 타고 충주호를 둘러보고 있는데요, 정말 어마어마하게 넓네요!

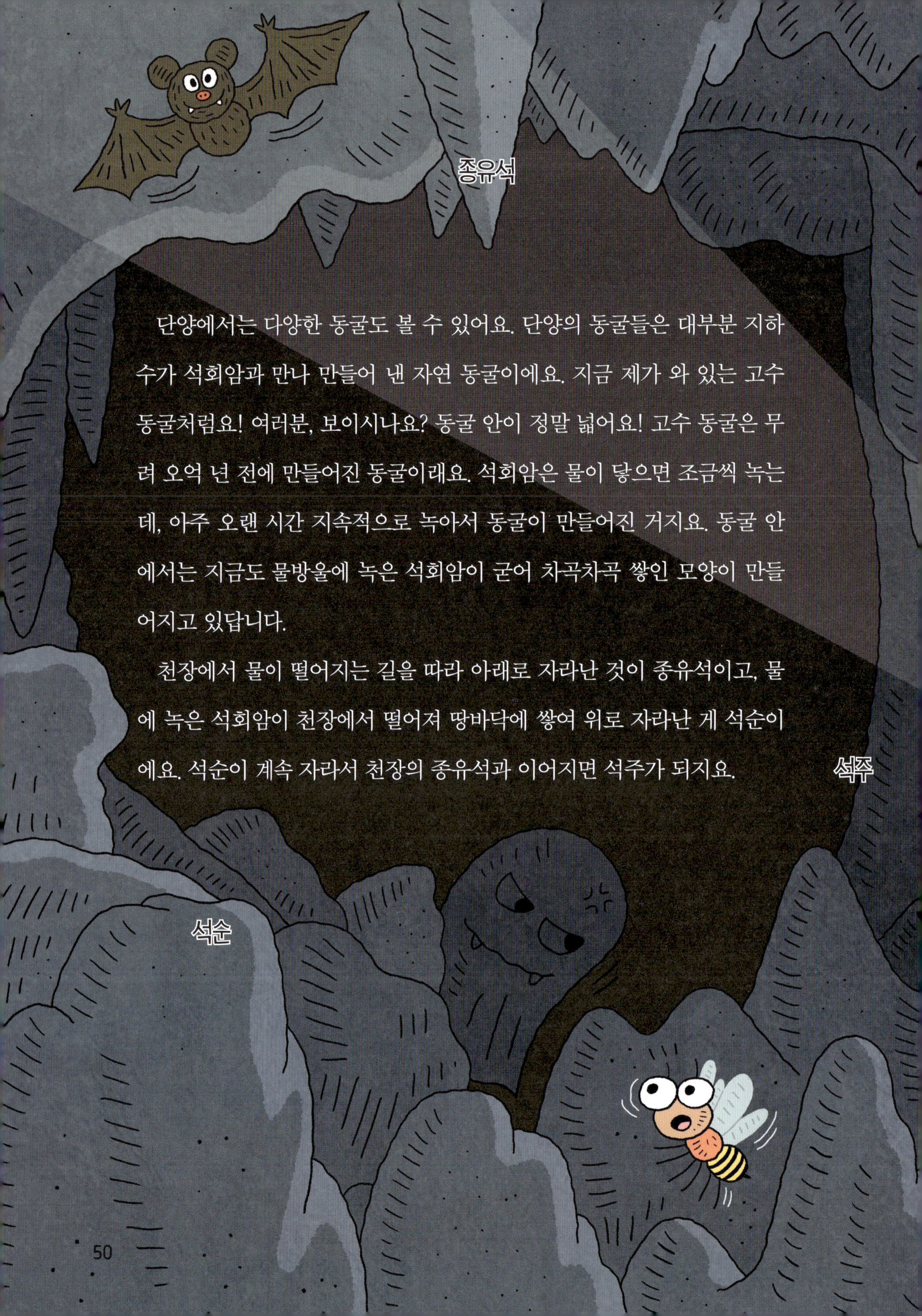

단양에서는 다양한 동굴도 볼 수 있어요. 단양의 동굴들은 대부분 지하수가 석회암과 만나 만들어 낸 자연 동굴이에요. 지금 제가 와 있는 고수 동굴처럼요! 여러분, 보이시나요? 동굴 안이 정말 넓어요! 고수 동굴은 무려 오억 년 전에 만들어진 동굴이래요. 석회암은 물이 닿으면 조금씩 녹는데, 아주 오랜 시간 지속적으로 녹아서 동굴이 만들어진 거지요. 동굴 안에서는 지금도 물방울에 녹은 석회암이 굳어 차곡차곡 쌓인 모양이 만들어지고 있답니다.

천장에서 물이 떨어지는 길을 따라 아래로 자라난 것이 종유석이고, 물에 녹은 석회암이 천장에서 떨어져 땅바닥에 쌓여 위로 자라난 게 석순이에요. 석순이 계속 자라서 천장의 종유석과 이어지면 석주가 되지요.

동굴은 다양한 이유로 만들어져요. 용암이나 물에 의해 자연적으로 만들어질 수도 있고, 광물을 캐기 위해 사람들이 일부러 만들기도 하지요. 이번에는 사람들이 만든 인공 동굴인 활옥 동굴에 왔습니다.

활옥 동굴은 원래 광물을 캐던 광산이었는데, 지금은 테마파크로 유명해졌다고 해요. 활옥 동굴 안 호수에서 보트도 타고, 게임장도 이용했어요. 다른 행성에 온 것처럼 신비로운 기분에 더욱 재미있었어요. 동굴

안이 어두울 줄 알았는데, 생각보다 밝더라고요. 활옥이 밝은색이라서 그렇대요. 활옥 동굴에서는 고추냉이를 키우고 관련 상품을 팔기도 해요. 고추냉이를 넣은 아이스크림이 별미인데, 동굴 입구 카페에서 맛볼 수 있답니다. 얼얼하게 매운맛과 아이스크림이 의외로 잘 어울리더라고요!

동굴을 두 군데나 봤더니 출출하네요. 이제 음식을 먹으러 가 볼까요?

짠! 저희는 순간 이동을 해서 음식점에 왔습니다. 많이 움직였더니 배가 고프네요. 오늘 먹어 볼 음식은 충청북도 대표 음식으로 손꼽히는 도리뱅뱅과 올갱이국이에요. 이름이 독특하지요?

올갱이는 작은 고둥처럼 생긴 다슬기의 충청도 말이래요. 도리뱅뱅은 피라미나 빙어 같은 작은 민물고기를 프라이팬에 둥글게 돌려 담아 바삭하게 기름에 튀긴 뒤 매콤한 양념을 발라 먹는 음식이에요.

저도 처음 먹어 보는데요, 그 맛이 어떨지 기대가 됩니다. 음, 매콤하고 바삭하고 제가 딱 좋아하는 맛이에요! 올갱이국은 푸른 빛깔과 생김새 때문에 처음엔 좀 낯설었는데 먹어 보니 씹는 맛이 재미있네요.

이쯤에서 문제의 정답을 알려드릴게요! 오늘 영상 앞부분에 "충청북도에는 ○○가 없는데, ○○은 무엇일까요?"라는 질문을 했는데요, 혹시 눈치채셨나요? 정답은 '바다'입니다! 충청북도에는 바다가 없어서 강이나

호수 같은 민물에서 사는 물고기로 만든 음식이 많아요. 오늘 먹은 다슬기도 민물에서 사는 생물이랍니다. 이 밖에도 민물고기를 푹 고아 만든 어죽이나 생선을 넣은 생선 국수도 맛볼 수 있으니, 민물고기를 좋아한다면 꼭 먹어 보세요!

충청북도 더 알아보기

충청도는 충주와 청주의 앞 글자를 따서 만든 이름이에요. 충청북도와 충청남도, 세종특별자치시, 대전광역시가 옹기종기 모여 있지요. 그중에서도 충청북도는 대한민국에서 유일하게 바다와 접하지 않는 지역이에요.

하지만 남한강을 끼고 있어 물이 풍부하고 서울과 가까워서 예부터 아주 중요한 지역으로 여겨졌어요. 금, 망간, 텅스텐, 석회석 등 지하자원도 풍부해서 청주시에는 바이오, 태양광 등 첨단 산업 관련 제품을 만드는 공장과 연구소가 많아요. 단양과 제천을 중심으로는 시멘트 산업도 발달했지요.

농촌 지역에서는 화학 비료나 농약을 사용하지 않고 농작물을 재배하는 유기 농업을 집중적으로 육성하고 있어요. 충주 사과, 괴산 잎담배, 영동 포도 등이 유명해요. 빼어난 자연환경과 문화유산이 많아서 관광지로도 인기가 높아요. 단양군에 있는 단양 팔경과 내륙의 바다로 불리는 충주호, 소백산 국립 공원 등이 대표적인 관광지랍니다.

가 볼 만한 곳

충주호, 활옥 동굴, 단양 유네스코 세계 지질 공원, 소백산 국립 공원

❶ 충주시에 있는 충주호는 넓은 만큼 다채로운 풍경을 볼 수 있어요.

❷ 사인암(단양)은 기이하게 생긴 바위와 절벽으로 유명한 단양 팔경 중 하나예요.

영주 부석사
안동 하회 마을
영덕 대게
상주 곶감
구미 국가 산업 단지
꿀
칠곡 꿀
성주 참외
영천 포도
경주
첨성대
경주 대릉원 일원
청도
복숭아

5

아주 특별한 내륙 분지
경상북도

여행지	경상북도	대구
지리 키워드	분지	화산섬
체험 활동 및 음식	자전거 타기	육개장

이제는 충주에서 경상도로 내려갑니다. 가는 길에 문경새재를 둘러볼 거예요. 이 높은 고개는 조선 시대에 충청도와 경상도를 나누는 경계이자, 두 지역을 잇는 교통의 요충지였다고 해요. 문경새재라는 말에서 '새재'는 '나는 새도 넘어가기 힘든 고개'라는 뜻이래요. 한자어로 '조령'이라고도 부르지요. 그래서 경상도 지방을 조령의 남쪽에 있는 지역이라는 뜻에서 '영남 지방'이라고 말하기도 한답니다.

여기서 퀴즈! 경상북도에 속한 지역으로, 우리나라에서 가장 오래된 화산섬의 이름은 무엇일까요? 힌트는 동쪽 끝에 있는 섬이에요!

독도?

딩동댕! 독도는 제주도보다도 먼저 생긴 섬이에요. 그다음으로 울릉도가 오래되었지요. 제주도가 가장 큰 형이고 독도가 막내일 줄 알았는데,

의외지요? 저도 이번에 자료를 찾으면서 알게 되었어요.

독도는 행정 구역상 울릉도에 속해 있어요. 동도와 서도, 그리고 주변에 흩어져 있는 약 89개의 작은 바위섬과 암초들로 이루어져 있지요. 울릉도에는 성인봉이 있는데, 수면 아래에 그 두 배 높이의 화산이 숨겨져 있다고 해요.

독도와 울릉도는 무척 가까이 있어서, 날씨가 좋은 날이면 울릉도에서 맨눈으로도 독도가 보인다고 해요. 또 인간의 손길이 적게 닿아 자연 그대로의 모습을 잘 간직한 풍경으로도 사랑받고 있지요.

《삼국사기》라는 역사책에는 512년, 신라가 울릉도와 독도를 자기 나라 땅으로 삼아 다스렸다는 기록이 남아 있어요. 이처럼 울릉도와 독도는 오래전부터 대한민국의 영토였어요. 그런데 일본에서는 일방적으로 독도를 '다케시마'라고 부르며 자기네 영토라고 주장하고 있지요. 독도가 지닌 엄청난 가치를 노리기 때문이에요.

화산 활동으로 만들어진 다양한 암석과 아름다운 풍경이 어우러진 울릉도와 독도에는 수산 자원이 풍부해요. 북쪽에서 내려오는 차가운 물과 남쪽에서 올라오는 따뜻한 물이 만나는 곳이어서 물고기들의 먹이인 플랑크톤이 풍부하기 때문이지요. 그뿐이 아니에요. 독도 아래에는 여러 미래 에너지 자원들이 묻혀 있어서 독도를 보물섬이라고도 부른답니다. 또한 섬이 별로 없는 동해에서 독도는 군사적으로도 무척 중요해요. 소중한 우리 영토인 독도를 잘 알아두어야겠죠?

울릉도와 독도가 속해 있는 경상도는 경주와 상주를 붙여서 부르는 말이었어. 예전에는 경주와 상주가 가장 큰 도시였거든.

부산보다도요?

부산은 원래 작은 지역이었어. 일본과의 교역이 점점 늘면서 지금의 대도시가 된 거지. 예전에는 도시가 성장하는 데 강이 중요했는데, 점차 전 세계와 교역을 하면서 바다가 더 중요해진 거야. 이렇게 지형은 시대에 따라 다른 의미를 갖기도 해.

우리가 가고 있는 대구는요?

대구는 조선 시대 때부터 큰 도시였어. 경상도를 관리하는 관청이 조선 시대 때 대구로 옮겨졌거든. 팔공산을 비롯한 산지로 둘러싸인 분지의 중심에 대구가 자리하고 있지.

여러분, 전 지금 대구에 도착했습니다. 대구처럼 사방이 산지로 둘러싸이고, 그 안에 평평한 땅이 펼쳐진 곳을 **분지**라고 해요. 주변이 높은 산으로 둘러싸여 있으니 적의 공격을 막기에도 좋고 산에서 내려오는 물이 풍부해 농사를 짓기에도 좋지요.

하지만 산이 공기의 흐름을 막아서 바람이 잘 불지 않고 비도 적게 내

린다고 해요. 그래서 여름에는 전국에서 가장 더운 도시라고도 불리지요.

대구는 온실가스 배출량을 줄이기 위해 친환경 교통수단인 자전거에 주목하고 있어요. 다양한 캠페인을 펼치며 곳곳에 자전거 전용 도로를 만들고 있는데요, 저도 엄마와 함께 탈 2인용 자전거를 빌려서 대구를 둘러싼 금호강을 따라 달려 보겠습니다. 아~, 시원해!

이쯤 되면 대충 순서를 알겠지요? 쩝쩝 박사의 맛있는 식사 시간이 돌아왔습니다! 오늘 먹어 볼 음식은 육개장이에요. 갑자기 분위기가 아저씨라고요? 엄마가 찬 바람을 쐬었으니 따뜻한 육개장 국물로 몸을 덥히자

고 하네요. 같은 육개장이라도 지역에 따라서 조리법이 조금씩 다르다고 합니다. 서울의 육개장은 소고기를 결대로 찢어 양념한 다음 푹 끓이는데, 대구의 육개장은 고깃덩어리째 푹 삶고 파, 부추, 마늘 등을 아주 많이 넣는다고 해요. 또 제주도 육개장은 푹 삶은 돼지고기에 고사리를 듬뿍 넣어 만든다고 하네요.

대구는 분지라서 여름에는 덥다고 했지요? 그런데 겨울에는 또 추워요. 겨울에는 왜 춥냐고요? 주변 산지에서 찬 공기가 흘러내려 분지에 쌓이기 때문이지요. 물론 고지대인 강원도보다는 덜하겠지만요! 그래서인지 대구에는 맵고 짜고 자극적인 음식이 많다고 해요. 우아, 저기에 제가 구독하는 먹방 유튜버가 음식점에 들어가네요! 사인 받아야지.

앞산공원에 오르면 산으로 둘러싸인 대구 분지를 볼 수 있어요.

경상북도 더 알아보기

경상북도는 지질 자원이 풍부해 지질 공원이 많아요. 경북 동해안 유네스코 세계 지질 공원, 울릉도·독도 국가 지질 공원, 청송 유네스코 세계 지질 공원, 의성 국가 지질 공원이 있지요. 분지도 여러 군데 있는데, 화산이 폭발하고 나서 생긴 울릉도 나리 분지, 침식 작용으로 만들어진 경주 분지가 대표적이에요. 또 대한민국에서 가장 밤하늘이 어두운 영양에는 은하수를 맨눈으로 관찰할 수 있는 국제 밤하늘 보호 공원이 있지요.

바다 쪽에는 대게로 유명한 영덕과 화산섬인 울릉도와 독도가 있고, 아래쪽 포항에는 거대한 제철소가 들어서 있어요. 역사 유적도 많아요. 삼국 시대부터 통일 신라 시대까지 천 년 가까이 신라의 수도였던 경주에는 신라 시대 문화유산이 가득해요. 조선 시대 학문의 중심지 중 하나였던 안동에서는 조선 시대로 시간 여행을 간 듯한 하회 마을을 만나 볼 수 있지요. 또한 경상북도는 높은 산이 많고 분지 특성상 비가 적게 내려 과일이 달고 맛있답니다.

가 볼 만한 곳

문경 조령 관문(문경새재), 경주 양남 주상절리군, 경주 대릉원 일원

❶ 문경 조령 관문은 드라마 촬영지로도 인기가 높아요.

❷ 경주 양남 주상절리는 화산이 만든 육각형 돌기둥들이 부채꼴 모양으로 늘어선 지형이에요.

❸ 경주 대릉원 일원에 가면 거대한 무덤군 사이를 거닐 수 있어요.

합천 해인사
창녕 우포늪 천연 보호 구역
진주성
캬오~
항공 우주 박물관
고성 공룡
박물관
남해 독일 마을
바람의 언덕

6

쪽배 타고 늪지대 속으로!
경상남도

여행지: 경상남도 / 창녕 / 우포늪

지리 키워드: 습지

체험 활동 및 음식: 쪽배 타기 / 미꾸라지 잡기 / 추어탕 / 양파 절임 / 따오기 쌀밥

우리는 지금 한참 남쪽으로 내려왔어요. 바깥에 강이 보이시죠? 바로 낙동강이에요. 낙동강은 우리나라에서 가장 긴 강인데 강원도 태백에서 시작해서 안동을 지나다가, 경상남도 창녕을 거쳐 부산의 바다로 흘러간대요. 지금 가 볼 곳은 낙동강 한 자락이 습지로 변했다는 창녕의 우포늪이에요. 생태 체험관에 먼저 들러서 우포늪에 대해 알아보겠습니다.

습지는 물에 젖어 축축한 땅이에요. 자연적으로 생겼든 사람이 만들었든, 민물이든 바닷물이든 관계없이, 일정 기간 이상 물이 고이거나 젖어 있어 특별한 동식물이 사는 환경을 말하지요. 우포늪은 한반도에서 가장 큰 자연 내륙 습지래요. 엄마, 우포늪은 어떻게 만들어졌어요?

오랜 옛날 빙하기가 끝나면서 강물의 높이가 높아져 강물이 자주 넘치게 되었어. 땅이 낮은 곳에 물이 고이고, 물에 떠내려 온 흙이 쌓이면서 지금처럼 커다란 습지가 생긴 거야.

우포늪이 만들어진 과정

1. 빙하기가 끝나고 바닷물과 강물 높이가 높아져,
   낮은 땅에 물이 고이기 쉬운 환경이 만들어졌어요.

2. 강이 자주 넘치면서 강 주변에 모래와 흙이 쌓여
   물이 잘 고이고 머무를 수 있는 땅이 되었지요.

3. 강 옆에 둑(자연제방)이 생기고,
   그 뒤쪽(배후습지)으로는 물이 빠지지
   않고 고여 우포늪이 만들어졌어요.

예전에는 습지가 쓸모없는 땅인 줄 알았어요. 그래서 습지를 메워 농지로 만들었지요. 그런데 습지에는 수많은 생명이 산다고 해요. 우포늪에도 희귀한 동식물들이 많이 살아서 보호 구역으로 지정되었어요.

이 외에도 습지는 여러 가지 역할을 해. 홍수가 발생했을 때는 흙과 식물들이 물이 흘러가는 속도를 늦춰 주지. 지구 온난화의 주범인 이산화 탄소를 흡수하고 저장하는 역할도 하고. 또 습지에 사는 수중 식물들은 물을 맑게 정수하는 일도 한단다.

우아, 정말 보물 같은 땅이네요! 자 이제 직접 우포늪으로 들어가 볼게요. 쪽배를 타고요.

전 지금 쪽배를 타고 늪 사이를 지나고 있습니다. 늪 위에는 풀도 아주 많이 자라네요. 저기 보세요. 새들이 후드득 지나갔어요. 공식 축구장 약 350여 개 면적의 거대한 우포늪에는 백로, 논병아리, 기러기, 물총새, 고니, 가창오리까지 다양한 새들이 찾아온대요.

이제 미꾸라지 잡기 체험을 해 보겠습니다. 미꾸라지가 정말 미끌미끌하네요. 어라? 근데 제법 잘 잡히네요!

드디어 쩝쩝 박사의 시간입니다! 아까 잡은 미꾸라지는 체험이라서 다 놓아 줬어요. 하지만 뭔가 아쉬워서 추어탕 집에 왔어요. 음, 추어탕이 엄청나게 구수하고 고소하네요. 반찬으로는 양파 절임이 나왔어요. 여러분, 그거 아시나요? 우리나라에서 양파가 맨 처음 재배된 곳이 바로 이곳 우포늪이 있는 창녕이래요. 그걸 기념한 양파 조형물은 물론 양파 연구소도 여기에 있다고 해요. 식당 아주머니께서 알려 주셨어요.

그리고 이 뽀얀 밥은 우포늪에서 생산한 따오기 쌀로 만든 밥이에요. 따오기는 사라진 물새인데, 복원에 성공해서 이젠 우포늪에서 볼 수 있답니다. 우포늪의 상징인 따오기 이름을 딴 따오기 쌀은 맛도 좋고 영양도 풍부하다고 하네요!

경상남도 더 알아보기

한반도의 남동쪽 끝에 있는 경상남도에는 산도 많고 섬도 많아요. 남해에 접해 있어 따뜻한 바닷바람의 영향을 받고 북쪽 산맥이 찬 공기를 막아 주기 때문에, 우리나라에서 가장 온화하고 비가 많이 내리는 지역 중 하나예요. 낙동강이 흐르는 김해에는 김해평야가, 밀양강이 흐르는 밀양에는 하남평야가 펼쳐져 있지요.

대한민국 제2의 도시 부산은 세계적인 무역항으로 유명하고, 울산 주변으로는 거대한 공업 단지가 형성되어 있어요. 이 두 도시는 원래 경상남도에 속했는데, 산업이 발전하면서 규모가 커지고 인구가 늘어나 광역시로 분리되었어요. 하지만 아직도 경상남도를 말할 때 흔히 부산과 울산도 포함해서 말하곤 해요.

또 통영과 거제로 대표되는 남해안은 해안선이 무척 복잡하고 크고 작은 섬들이 많아요. 그래서 수산업과 조선업이 발달했지요. 남해안은 수많은 섬이 빚어내는 아름다운 풍경 덕분에 관광지로도 사랑받고 있답니다.

가 볼 만한 곳

창녕 우포늪 천연 보호 구역, 함안 강나루 생태 공원, 상족암 군립 공원

❶ 낙동강은 영남 지방을 가로질러 남해로 흘러들며 여러 평야를 만들어요.

❷ 우포늪은 한반도에 있는 가장 큰 자연 내륙 습지예요. 한반도가 생성될 무렵 자연의 모습을 만나 볼 수 있답니다.

영광 굴비
죽녹원
영광 불갑사
담양 소쇄원
함평 나비
광양 국가 산업 단지
나주 배
소금
신안 소금
남도 소리 울림터
한국 차 박물관
진돗개
완도 김
땅끝 전망대

7

낭만 가득한 다도해 탐험
전라남도

여행지 전라남도 여수

지리 키워드 다도해 해안선 돌산

체험 활동 및 음식 간장게장 멍게비빔밥 갓김치

내륙의 강 여행을 끝내고 이제 우리는 바닷가로 왔어요. 이번 여행지는 전라남도의 여수입니다. 여수는 한려 해상 국립 공원이 끝나는 곳이자 다도해 해상 국립 공원이 시작되는 곳이에요. 그만큼 바다 풍경이 아름답고 볼거리가 많지요.

남해안은 해안선이 복잡하고 섬이 많아.

서해안에도 섬이 많지 않아요?

서해안도 해안선이 복잡하고 섬이 많지. 하지만 수심이 얕아서 큰 배가 닿을 수 없는 곳이 많아. 반면에 남해안은 서해안보다 수심이 깊고 바다로 나가기 쉬운 지형이 많아서 항구가 잘 발달했지. 그래서 배를 만드는 조선소도 많이 볼 수 있어.

그러고 보니 남해안에는 큰 공장이 많은 것 같아요.

예리한데? 남해안에 커다란 공장이 많은 건 다양한 부품과 원재료를 전 세계에서 들여와야 하기 때문이야. 큰 배가 드나들기 좋다는 건 오늘날 지역이 발전하는 데 중요한 조건이 된단다. 지도를 한번 봐 봐. 동해안과 남해안이 어떻게 다른 것 같아?

음, 동해안은 해안선이 단순한데, 남해안은 해안선이 구불구불하고 섬이 많이 보여요.

맞아. 동해는 파도타기를 할 정도로 파도가 셌잖니? 그렇지만 남해에는 예전에는 산이었다가 해수면이 높아지면서 섬이 된 곳이 많아. 이런 섬이 큰 파도를 막아 줘서 안으로 들어올수록 파도가 잔잔

해지지. 그래서 바다 농사인 양식을 하기에 좋아. 굴, 전복, 멍게, 김, 미역 등을 양식하는 곳이 많아서 신선한 해산물을 맛볼 수 있어.

먹는 얘기 하니까 배가 고파요.

안 그래도 지금 식당으로 가는 길이야. 멍게비빔밥과 간장게장 맛집으로. 어때?

간장게장! 너무 좋아요.

여러분, 전 밥을 먹으러 식당에 왔습니다. 그런데 여기는 김치가 좀 특이하게 생겼어요. 배추가 아니랍니다.

맞아. 바로 이게 여수에서 유명한 갓김치야.

갓김치요? 머리에 쓰는 갓이요?

아니, 그 갓이랑은 달라. 갓은 매운맛이 나는 풀인데 씨앗이 바로 노란 겨자야. 그러니 갓은 겨자풀인 셈이지. 여수에 있는 돌산은 겨울에도 기온이 영하로 떨어지는 일이 드물어서, 여기서 자라는 갓은 부드럽고 아삭거리는 식감이 뛰어나. 또 물 빠짐이 좋은 땅에서 자라 다른 지역의 갓에 비해 덜 맵지. 이렇게 지리적 특성은 채소의 맛에도 영향을 끼치게 된단다.

갓김치 맛은 잘 모르겠지만 간장게장과 멍게비빔밥은 정말 맛있어요. 멋진 풍경이 주는 재료라고 생각하고 먹으니 뭔가 더 특별하게 느껴지는 것 같기도 하고요. 눈으로 보고 입으로 느끼는 기분? 하하하.

'여수 밤바다'라는 노래가 있을 정도로 여수는 밤바다와 낭만으로도 알려진 곳이에요. 하지만 우리는 오늘 여기서 안 자고 배를 탈 거예요. 과연 어디로 갈지 여러분, 다음 영상도 기대해 주세요!

전라남도 더 알아보기

전라도는 전주와 나주의 앞 글자를 딴 말이에요. 전라남도를 지나는 영산강과 섬진강 주변으로 강물에 흘러 내려온 흙이 쌓인 넓은 충적토가 발달해 있어요. 영양분이 많은 충적토는 농사를 짓기 좋은 흙이에요. 그래서 나주평야는 전라북도의 호남평야와 함께 우리나라 최대의 곡창 지대예요. 곡창 지대는 쌀과 같은 주된 곡식이 많이 나는 곳을 말해요. 말 그대로 '곡식 창고'라고 할 수 있지요.

전라남도에는 곡창 지대만 있는 게 아니에요. 수많은 섬도 있어요. 서해와 남해가 만나는 전라남도는 우리나라에서 섬이 가장 많은 지역이고, 전국에서 가장 긴 해안선을 가진 곳이에요. 특히 해안선이 나뭇가지처럼 복잡하게 뻗어 있는 남해는 세계의 해안 지형 중에서도 무척 보기 드물다고 해요. 그래서 유네스코 세계 자연유산으로 지정된 갯벌도 여러 군데 있어요. 양식장에서 기른 신선한 해산물을 맛보고 아름다운 풍경을 보기 위해 해마다 많은 사람이 전라남도를 찾는답니다.

가 볼 만한 곳

순천만 습지, 다도해 해상 국립 공원, 무슬목 해변, 명량 해협

❶ 전라남도 해안 지역을 아우르는 다도해 해상 국립 공원에는 1,600여 개의 섬이 있어요.
❷ 해조류 양식장(장흥)의 모습이에요. 섬이 많은 전라남도는 양식업이 발달했답니다.

돌고래
조랑말
제주 돌 문화 공원
돌하르방
한라산
제주 흑돼지
한라봉
옥돔
은갈치

8

화산이 만든 섬 제주특별자치도

여행지 제주도 | 산굼부리 | 비자림

지리 키워드 섬 | 분화구 | 현무암 지대 | 오름 | 화산송이

체험 활동 및 음식 맨발 걷기 | 제주 흑돼지

여러분 저는 지금 배를 탔어요. 자동차까지 실을 수 있는 어마어마하게 큰 배랍니다. 이렇게 큰 배를 타고 어디를 가냐고요? 바로 우리나라 남쪽에 있는 섬 제주도에 갈 거예요.

제주도는 독도처럼 화산 폭발로 생겨난 화산섬이에요. 비행기 타고 가 본 적은 있지만, 이렇게 배를 타고 가는 건 처음이에요. 여수뿐만 아니라 완도, 진도, 목포 등에서도 배를 타고 갈 수 있다고 합니다. 다섯 시간 정도 걸린다고 해서 오늘은 배 안에서 잘 거예요. 제주도에 도착하면 엄마가 빌린 차를 타고 제주도 곳곳을 돌아다닐 예정이에요. 그럼 내일 아침에 만나요!

여러분, 좋은 아침입니다. 전 지금 이동하는 차 안이에요. 저 멀리 한라산이 보이네요. 제주도에는 **오름**이라고 부르는 작은 화산이 많아요. 이런 작은 화산을 기생 화산이라고 부르지요. 아까 잠깐 산굼부리를 들렀는데

'굼부리'는 제주도 말로, 분화구처럼 오목하게 꺼진 땅을 뜻해요. 산굼부리에는 다양한 동식물이 살아서, 그 가치를 인정받아 천연기념물로 지정되었다고 하네요.

참, 오늘은 제주도에서 과학 카페를 하는 엄마 친구들을 만날 거예요.

제주도에 온 걸 환영해. 오니까 어떠니?

풍경들이 달라서 신기했어요. 돌 색깔도 까맣고요.

잘 관찰했구나. 검은색에 구멍이 많은 돌은 현무암이야. 제주도는 화산섬이어서 용암에서 만들어진 현무암이 많아.

당근도 유명한가 봐요? 당근 모양 조형물을 많이 봤어요.

제주도의 땅은 물이 숭숭 잘 빠지는 현무암 지대여서 물이 많이 필요한 논농사보다는 밭농사를 많이 해. 밭농사를 할 때는 물이 잘 빠져야 하거든. 배수가 원활해서 토양이 부드럽고, 한겨울에도 온도가 영하로 내려가는 일이 드물어서 당근을 재배하기 좋은 환경이지.

당근뿐만이 아니야. 풀밭이 잘 발달해서 말도 많이 키우지. 오면서 말은 못 봤니?

봤어요! 넓은 들을 한가로이 거닐고 있었어요.

제주도에서 보기 힘든 게 있는데 뭔지 아니?

음, 뭐가 있지? 귤도 많고, 당근도 많고, 말도 많고, 많은 것만 생각나요. 뭐가 없는데요?

제주도에는 비가 많이 내리지만, 강을 보기가 힘들어. 아예 없는 건 아니지만 흔하지 않지. 그래서 제주도 사람들은 예전부터 용천수라고 하는 지하수가 솟아나는 곳에 모여 살았어.

기다리고 기다렸던 쩝쩝 박사의 식사 시간입니다. 이번에 먹어 볼 음식은 제주 흑돼지예요. 오래전 제주도에서는 집마다 흑돼지를 길렀대요. 그게……, 화장실에서요! 제주 흑돼지는 사람의 똥과 음식물 쓰레기를 먹고 농작물에 필요한 거름을 만들어 냈어요. 다른 지역보다 체구는 작지만 덥

고 습한 제주도의 기후에 적응해서 병에 잘 걸리지 않는 특성이 있다고 해요. 그래서 천연기념물로 지정되었다네요.

제주도에서는 마을의 중요 행사가 있으면 '돔베 고기'라고 도마(돔베)에 얹어 나오는 돼지고기 수육을 먹곤 했어요. 돼지고기를 넣고 만든 고기 국수나 육수에 모자반을 넣고 만든 몸국 등도 유명하죠. 흑돼지는 아주 오래 전부터 제주도 사람들의 중요한 단백질 공급원이 되어 주었답니다. 음, 멸치젓에 찍어 먹는 흑돼지구이 맛이란!

흑돼지구이를 맛있게 먹고, 전 지금 비자림의 화산송이길에 와 있습니다. 원래 만장굴에 가려고 했는데, 보호와 안전을 위해 지금은 일부 구간만 들어갈 수 있다고 해서 다음에 가 보기로 했어요. 만장굴이 어떤 곳이냐고요? 만장굴은 화산 활동으로 만들어진 용암 동굴로, 그 크기가 세계적이라고 해요.

지금 제가 와 있는 비자림은 비자나무가 있는 숲이에요. 비자나무는 무척 느리게 자란대요. 나이테도 잘 보이지 않고, 열매를 맺는 데 이 년이나 걸린다고 해요. 이곳 비자림에는 수백 년 된 비자나무도 있어요. 나뭇가지를 힘차게 뻗고 있는 모습이 정말 멋있네요.

화산송이는 붉은색을 띤 화산석의 하나예요. '송이'라는 말은 제주도 말로 '가벼운 돌'이라는 뜻이에요. 구멍이 뻥뻥 뚫려 있어서 습기를 잘 빨아들이고 다양한 광물질이 포함되어 있어서 화장품의 재료로도 널리 이용하지요. 저도 이번에 알았는데, 화산송이를 넣은 소금도 있다고 해요.

뜨거운 용암이 나와서 땅이 되고, 다시 그 위에 생물이 살면서 모습이 바뀌고, 또 다른 생물들이 살 수 있게 되는 게 참 신기해요. 곳곳에 빨간색 열매가 있는 저 식물은 뭘까요?

저건 천남성이야. 색깔이 참 예쁘지만 독초라서 절대 먹으면 안 돼!

헉, 독초라니. 아무리 쩝쩝 박사라도 독성이 있는 건 먹지 않아야겠지요? 비자림에서 맨발 걷기 체험도 하고, 숲 해설가의 설명도 들었어요. 몸도 마음도 청량해지는 기분이었답니다. 그럼 오늘은 이만!

제주도 한라산 백록담의 모습이에요. 화산의 분화구에 물이 고여 만들어졌답니다.

제주도 더 알아보기

제주도는 화산 활동으로 만들어진 화산섬으로, 우리나라에서 가장 큰 섬이에요. 섬 중앙에 한라산이 있고, 높이가 200~300미터인 작은 화산(오름)이 360개가 넘게 흩어져 있어요. 제주도는 겨울에도 따뜻하고 비가 자주 내리며 바람이 많이 불어요. 한라산을 경계로 북쪽과 남쪽의 기후가 다른 것도 특이한 점이지요. 한라산이 찬 바람을 막아 주어 남쪽의 서귀포시가 북쪽의 제주시보다 따뜻하거든요. 대신 서귀포시에는 제주시보다 비가 많이 내려요.

겨울에는 한라산의 높은 지대에 눈이 아주 많이 내린답니다. 또 제주도에는 바람이 무척 많이 불어 예로부터 집과 밭 주위에 돌담을 두르고, 지붕을 줄로 묶어 놓곤 했어요. 태풍이 지나는 길목에 있어서 여름에는 태풍도 자주 찾아온답니다.

제주도는 섬 전체가 '화산 박물관'이라 불릴 만큼 독특한 화산 지형들이 많아요. 땅 위에는 크고 작은 오름이, 땅 아래에는 용암 동굴이 펼쳐져 있지요. 자연환경의 가치를 인정받아 유네스코 세계 자연유산으로 등재된 곳들도 있답니다.

가 볼 만한 곳

오름, 산굼부리, 제주 평대리 비자나무 숲(비자림), 한라산, 성산 일출봉

❶ 제주도에서는 현무암으로 층층이 쌓아 올린 돌담길과 바람에 날아가지 않도록 줄로 묶은 동그란 지붕의 전통 집을 볼 수 있어요.

❷ 서귀포시 동쪽 끄트머리에 있는 성산 일출봉은 182미터 높이의 드넓은 분화구가 인상적이에요.

익산 고도리 석조 여래 입상
익산 미륵사지 석탑
전주 한옥 마을
김제 벽골제
금산사
내소사
정읍 황토현 전적
임실 진구사지 석등
사선대
고창 고인돌 유적
필봉 농악 전수관
순창 고추장
강천사
고창 전봉준 생가터
고창 복분자
순창 남계리
석장승
순창 순화리
삼층 석탑

9

머나먼 지평선을 향해 전북특별자치도

여행지 전라북도 · 김제 · 호남평야

지리 키워드 지평선 · 평야 · 퇴적 작용 · 인공 저수지

체험 활동 및 음식 청보리 한우

안녕하세요. 우리는 제주도에서 다시 배를 타고 목포에 도착했어요. 거기서 좀 더 위쪽으로 이동해 전라북도 김제에 도착했습니다!

여기서 잠깐, 초성 퀴즈 나갑니다. 이게 뭔지 맞춰 보세요.

ㅈㅍㅅ!

우리나라는 산지가 많아서 '이것'을 잘 볼 수 없다고 해요. '이것'은 과연 무엇일까요? 정답은 이번 영상 마지막에 알려 드릴게요. 이번 여행과도 연관 있으니 영상을 보면서 정답을 생각해 보세요.

우아, 밤사이 눈이 내려서 온 세상이 하얘요. 탁 트인 넓은 논밭에 쌓인 눈을 보니 마음이 차분해지는 것 같네요. 여기가 우리나라 최대의 곡창지대인 호남평야래요. 금강, 만경강, 동진강이 서해안으로 흐르면서

퇴적 작용이 활발하게 일어나 이렇게나 넓은 평야가 만들어졌지요. 넓고 비옥한 땅에 물을 끌어오기도 편하다면 농사를 짓기에 좋겠지요? 그래서 강 주변에 곡창 지대가 발달했다고 합니다.

물은 농사에 아주 중요해. 특히 논농사는 때에 따라 물을 넣고 빼줘야 해서 더욱 그렇지. 주변에 강이 있긴 하지만, 이렇게 너른 땅에 물을 대기 위해서는 물을 가두고 관리해야 했어. 그래서 김제에는 우리나라에서 가장 오래된 인공 저수지가 있지.

저 알아요! 벽골제죠?

맞아. 벽골제는, 그러니까 무려 1,700여 년 전에 지어진 둑이야. 지금도 남아 있는 길이가 3킬로미터 정도 된다고 하니 그 규모가 어마어마하지?

대체 어떻게 만들었을까 싶을 정도로 정말 대단해요! 여러분, 벽골제의 거대한 수문으로 물의 양을 조절했답니다.

봄이면 이 드넓은 논이 청보리밭으로 변해. 보리는 논농사를 짓기 전에 심는 중요한 곡식이거든. 봄에 심은 보리는 초여름이 되어야 추수할 수 있기 때문에, 예전에는 작년에 수확한 쌀이 바닥나고 보리는 아직 여물지 않아 먹을 것이 없어 어려운 때를 '보릿고개'라고 불렀지. 그래서 보리를 추수할 즈음 맞이하는 단오가 아주 큰 명절이었다고 해. 지금은 초봄의 청보리밭 풍경을 감상하러 많이들 온단다. 그리고 보리를 먹인 한우를 먹으러 오기도 하지!

소가 보리를 먹어요?

사람들처럼 낟알을 먹는 게 아니라 덜 익은 보리알을 발효해서 만든 사료를 먹지. 그래서 청보리 한우라고 불러.

여러분 들으셨나요? 오늘은 소고기 먹는 겁니다. 야호!

여러분, 쩝쩝 박사의 시간입니다. 전 지금 청보리 한우를 먹으려고 식당에 왔어요. 본격적으로 고기를 먹기 전에, 초성 퀴즈의 정답을 말씀드리겠습니다. 혹시 잊으신 거 아니죠? 우리나라에서 보기 힘든 것은 바로 바로 바로! '지평선'입니다. 맞히신 분?

땅의 끝과 하늘의 끝이 맞닿은 모습을 보기에는 우리나라에 산지가 너무 많다고 해요. 하지만 우리나라에서 가장 넓은 평야인 호남평야에서는 끝없이 펼쳐진 들판 덕분에 지평선을 쉽게 볼 수 있답니다. 김제에서는 가을이 되면 드넓은 평야를 무대로 지평선 축제가 열려요. 우리나라에서 가장 넓은 들에 들러 지평선도 보고, 청보리 한우도 맛보는 거 어떠신가요? 전 강추합니다!

전라북도 더 알아보기

우리나라 서쪽에 있는 전라북도에는 평평한 평지가 많아요. 하지만 산이 아예 없는 건 아니에요. 서쪽은 너른 호남평야가 펼쳐지지만, 동쪽은 산악 지대로 백두대간의 끝자락을 이루는 지리산, 덕유산 등 높은 산들이 자리 잡고 있지요. 바다와 접한 서해안 갯벌은 원래 굴곡이 무척 심했는데, 물을 빼서 땅으로 만드는 간척 사업을 해서 많이 단조로워졌어요.

전라북도는 지형이 동쪽은 높고 서쪽은 낮은 데다, 서쪽은 또 바다와 접해 있어서 동서 지역의 기후가 많이 달라요. 바다와 가까운 서쪽은 동쪽보다 습도가 높고 기온차가 크지 않지만, 산에 가까운 동쪽 지역은 기온차가 크답니다.

새만금 간척지에 산업 단지가 있지만 그 외 지역에서는 여전히 농업이나 수산업 등 1차 산업이 발달했어요. 변산반도, 덕유산, 내장산을 비롯한 아름다운 자연과 벽골제, 미륵사지 석탑 등 역사 유적도 풍부해서 관광지로도 사랑받고 있답니다.

가 볼 만한 곳

김제 벽골제, 옥정호, 내장산 국립 공원, 변산반도 국립 공원

❶ 해마다 봄이면 고창에서 청보리밭 축제가 열려요.

❷ 임실군에 있는 옥정호 속 붕어섬이에요. 예전에는 사람들이 살았지만, 지금은 생태 공원으로 탈바꿈해 관광객들을 맞이하고 있답니다.

태안 대하
서산 해미 읍성
현충사
예산 사과
천안 배
공주 무령왕릉과 왕릉원
공주 밤
낙화암
서천 한산 모시
부여
수박
논산
딸기
논산 관촉사
석조 미륵보살 입상

10

생명의 터전 갯벌 체험
충청남도

여행지: 충청남도 / 서천

지리 키워드: 갯벌 / 서해

체험 활동 및 음식: 열기구 타기 / 조개 캐기 / 조개칼국수

이제 슬슬 여행도 마지막을 향해 가고 있네요. 오늘은 아침 일찍부터 움직여서 충청남도 서천에 왔어요. 짜잔! 열기구 체험을 하기 위해서예요. 열기구 체험을 하려면 바람이 거의 불지 않아야 한대요. 그래서 산이 별로 없고 평평한 곳에서 공기의 흐름이 적은 새벽이나 아침에 한다고 하네요. 열기구 체험은 부여, 서천 등 서해안의 이색 체험이 되고 있다고 해요. 우리가 탈 열기구 풍선에 점점 바람이 들어가고 있어요.

여러분! 전 지금 하늘 위에 있습니다. 금강 하굿둑의 갈대밭과 너른 평야가 한눈에 들어오는데요, 이 강 너머로 가면 서해안 갯벌이 나온대요.

서해는 중국과 마주하는 바다야. 한반도는 동쪽이 높고 서쪽이 낮은 지형이라 강이 서쪽과 남쪽을 향해 흐르는데, 중국은 우리와 반대로 서쪽이 높고 동쪽이 낮아. 그래서 강이 동쪽을 향해 흐르지. 그

렇게 중국과 한반도에서 흘러 내려온 흙과 모래가 쌓이다 보니 서해의 수심이 얕은 거야. 흙과 모래가 쌓여서 누렇게 보인다고 '황해'라고도 불러. 황해는 서해를 부르는 공식 명칭이야.

옛날에는 서해가 없었다고 하던데요?

맞아. 빙하기 시절 해수면이 지금보다 훨씬 낮았을 때 서해는 중국과 연결된 땅이었어. 지금도 평균 수심이 44미터일 정도로 얕지. 땅이 워낙 평평한 탓에 밀물과 썰물의 차이가 아주 커. 썰물 때 드러나는 넓은 서해 갯벌은 2021년 유네스코 세계 자연유산으로도 지정될 만큼 가치가 크단다.

다시 안전하게 땅으로 내려왔습니다. 아, 정말 재미있었어요. 이제 서천 갯벌로 이동하겠습니다. 충청남도도 전라북도처럼 너른 땅과 갯벌이 발달해 있어요. 오늘은 갯벌에서 조개 캐기 체험을 해 볼 거예요. 준비물은 가슴 장화와 호미, 장갑, 그리고 잡은 조개를 담을 통이에요. 고무장화를 신어도 되지만 그러면 이 찐득한 갯벌에 계속 신발이 빠질 수 있어요.

갯벌 체험을 하기 전에 꼭 확인해야 할 게 있어요. 바로 밀물과 썰물이 들고 나는 때를 알려 주는 물때표입니다. 서해안은 밀물과 썰물의 차이가 무척 커요. 보세요, 지금은 이렇게 넓은 곳이 다 드러나 있는데요, 밀물 때가 되면 정말 빠른 속도로 물이 들어오기 때문에 조심해야 해요. 그래서 시간을 잘 확인하고 보호자와 함께 들어가서 체험해야 합니다.

잘 보시면 이렇게 바닥에 구멍이 송송 나 있는데요. 이게 다 갯벌에 사는 생물들이 숨 쉬는 구멍이라고 해요. 구멍을 열심히 파면 무언가 나온대요. 낙지가 있을 수도, 조개나 게가 있을 수도 있어요. 조금씩 잡는 방법이 다르다고 합니다. 전 맛조개를 잡을 거예요.

서천 갯벌은 국제적으로 멸종 위기인 이동성 물새가 중간에 머무르며 먹이 활동을 하는 중요한 곳이야. 2023년에만 민물도요, 큰뒷부리도요, 개꿩, 마도요 등 146종의 조류가 관찰됐어. 그뿐만 아니라

이들의 먹잇감이 되는 어류, 조개류, 갑각류 등 다양한 생물들이 살아가고 있지. 우포늪에서 습지를 얘기했지? 갯벌도 습지의 하나야. 수많은 생물이 살아가는 터전이자, 바닷물을 정화하고 태풍의 피해를 막아 주는 소중한 자연유산이란다.

제가 잡은 조개 어때요? 이 정도로 물새들이 먹을 게 없어지는 건 아니겠죠? 가져가서 맛있는 조개칼국수를 끓여 먹을 거예요!

충청남도 더 알아보기

높은 산이 별로 없는 충청남도는 우리나라에서 평균 고도가 가장 낮은 지역이에요. 평균 고도라는 말은 땅 높이를 모두 합쳐서 평균을 낸 높이인데, 어떤 지역의 땅이 전체적으로 얼마나 높은지 낮은지를 나타낼 때 쓰는 말이에요. 그래서 충청남도는 우리나라에서 제일 평평한 지역이라고 할 수 있지요. 너른 땅에서 논농사를 많이 지어서 호남평야와 1, 2위를 다툴 정도로 쌀이 많이 나와요. 바다에는 굴, 김, 바지락 양식장이 있고 소금을 얻는 염전도 있답니다.

충청남도는 예전부터 중국과의 무역이 활발해서 새로운 종교나 학문이 전해지는 통로가 되었어요. 그래서 '당나라와 교역하는 항구'라는 뜻인 '당진'처럼 당시의 활발한 교류를 보여 주는 지역명도 있고, 국립 태안 해양 유물 전시관처럼 중국을 오가다가 난파된 배에서 건져 올린 유물을 볼 수 있는 곳도 있어요.

역사적인 유물과 유적뿐만 아니라 유명한 온천과 해수욕장이 있어서 지친 몸과 마음을 달래기 위해 충청남도를 찾아오는 사람들도 많답니다.

가 볼 만한 곳

태안 해양 유물 전시관, 서천 갯벌, 태안 신두리 해안 사구, 꽃지 해수욕장

❶ 노을로 유명한 꽃지 해수욕장이에요. 해변을 따라 해당화 같은 꽃들이 많이 피어서, '꽃이 핀 바닷가'라는 뜻으로 '꽃지'라는 이름이 붙었다고도 전해져요.

❷ 태안군 신두리에 가면 바다가 만든 모래 언덕인 해안 사구를 볼 수 있어요.

❸ 서천 갯벌은 그 가치를 인정받아 2021년 유네스코 세계 자연유산으로 지정되었어요.

어흥!
백두산
자강도 포도
평안북도
옥수수
마그네사이트
석탄
묘향산
릉라도
5월 1일 경기장
흥남 비료 연합 기업소
황해북도 밤
동명왕릉
황해북도
사과
금강산
해주 시멘트 공장
개성 공단

11

다음 여행지는 어디?

북한

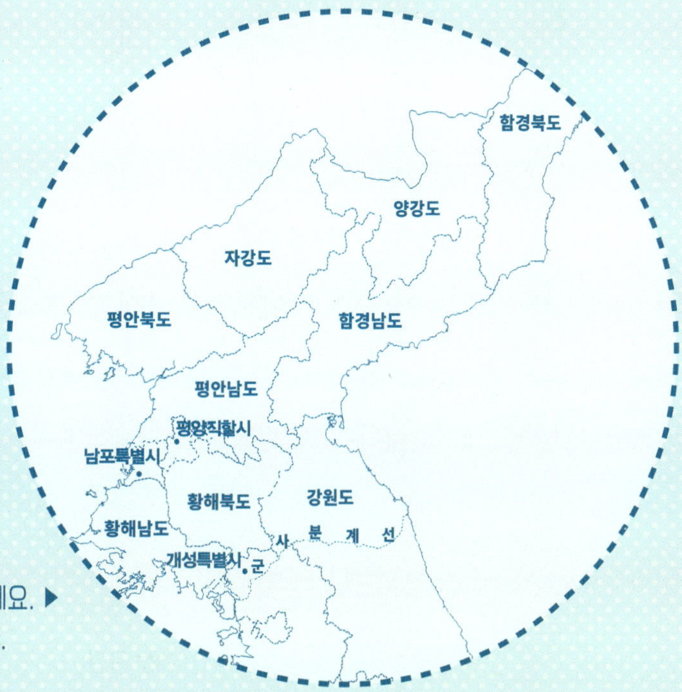

현재 북한에서 사용 중인 행정 구역이에요. ▶
우리가 나누는 거랑은 조금 다르답니다.

여러분, 드디어 여행 마지막 날입니다. 여기는 파주 임진각이에요. 그동안 함께했던 여행이 어떠셨나요? 저는 뭔가 아쉬운 마음이 몰려오네요. 그래서 마지막을 기념하여 오늘은 깜짝 게스트가 있습니다. 사실 저도 몰랐는데요, 영상을 보던 분들이 알려 주셨어요. 영상 곳곳에 같은 사람이 나온다고요. 알고 보니 저랑 비슷한 경로로 여행을 하고 있던 친구가 있었어요. 자, 인사하세요!

안녕하세요. 박서하라고 합니다. 저는 아빠와 함께 전국의 역사적인 장소를 여행하고 있어요. 그런데 시윤이는 엄마와 우리나라의 지리 명소를 둘러보았대요. 시윤이가 올린 영상도 보고 이야기도 나누었는데요, 자연 지형과 역사적인 사건이 이어지니까 더 기억에 남는 것 같아요. 그래서 파주에서 다시 만나게 되었답니다.

이곳을 마지막 장소로 정한 이유는 가깝지만 갈 수 없는 곳, 바로 '북한'이 보이기 때문이에요. 임진각은 북한과 가까운 곳에 있어서 분단의 역사를 잘 느낄 수 있는 곳이랍니다.

예전에는 북한에 갈 기회가 종종 있었어요. 북한과 남한으로 헤어져 살게 된 가족들이 만나는 행사도 있었고, 금강산으로 관광을 갈 수도 있었지요. 우리나라 기업들이 개성에 공장을 짓고 북한 사람들과 함께 일하던 때도 있었대요. 다시 그런 날이 와서 북한 여행을 해 보고 싶어요. 쩝쩝 박사님은 북한에 가면 뭘 하고 싶으세요?

북한의 수도인 평양도 구경하고 백두산 천지도 보고 싶어요. 백두산은 한반도에서 가장 높은 산이에요. '백두'는 '하얀 머리'라는 뜻인데, 산꼭대기에 눈이 자주 쌓여 있어서 그렇게 불린다고 해요. 꼭대기에 있는 호수인 천지의 깊이가 서해보다도 깊다고 하네요. 그리고……, 개성만두를 꼭 먹어 보고 싶어요! '편수'라고 부르는데 만두가 네모나게 생겼다네요? 북한은 여름이 짧고 겨울은 길어서 음식의 간이 담백하고 매운맛도 덜하대요. 우리나라와 무엇이 다른지 쩝쩝 박사로서 일단 맛봐야 하지 않겠어요?

쩝쩝 박사답네요! 마지막 영상인 만큼 제가 구독자 대표로 몇 가지 질문을 할게요. 그동안 영상 편집은 어떻게 했나요?

촬영은 주로 제가 하고 저를 찍는 건 엄마가 도와줬어요. 영상 앱을 쓰고 이동하는 틈틈이 자막을 만들었지요. 짧은 영상에도 정말 많은 준비가 필요하고, 영상을 끊임없이 만든다는 건 정말 어려운 일이라는 것을 알게 되었습니다. 야외이다 보니 소리에 잡음도 많이 들어가고 목소리가 너무 크거나 작을 때도 있었는데, 참고 봐 주셔서 다들 감사합니다.

엄마랑 둘이 여행하는 게 힘들지는 않았나요?

물론 힘들 때도 있었지요. 피곤하고 의견이 맞지 않을 때는 둘 다 말이 없어졌어요. 그래도 멋진 풍경을 보고 맛있는 거 먹다 보면 금방 풀렸어요.

여행을 하고 나서 느낀 소감이 궁금해요.

우리나라에 정말 다양한 모습이 있다는 걸 느꼈어요. 같은 바다라도 동해와 남해, 서해의 모습이 다르고 같은 호수라도 만들어지는 원인이 또 다르고. 그런 점들이 재밌었어요. 높은 산이나 강을 경계로 지역이 나뉘기도 하지만, 또 그 지역 안에 비슷한 지형이 있기도 했어요. 한 지역 안에서도 어디로 가느냐에 따라서 다른 풍경을 볼 수 있다는 점도 신기했고요. 이번에 처음 먹어 본 음식들도 많았어요. 잣이나 갓처럼 지역 특성에 맞는 재료에서부터, 육개장처럼 그 지역의 지리적 조건에 따라 간이나 조리하는 방식이 달라지는 걸 경험할 수 있어서 좋았어요. 맛난 음식들 덕분에 여행지가 더 기억에 남을 거 같아요!

정말 끝입니다. 여러분은 어떤 여행지가 가장 기억에 남나요? 기회가 된다면 또 전국 일주를 해 보고 싶어요. 두 번째 시즌이 나올 때까지 영상 무한 반복하면서 기다려 주세요! 여러분, 안녕!

북한 더 알아보기

북한의 정식 이름은 '조선 민주주의 인민 공화국'이고, 수도는 평양이에요. 한반도 전체 면적의 55퍼센트를 차지하고 있고, 인구는 2,600만 명(2025년 기준) 내외예요. 북한은 북쪽에서 압록강과 두만강을 사이에 두고 중국과 접하고, 두만강 하구의 짧은 구간에서 러시아와도 접해 있어요. 북쪽과 동쪽에는 백두산을 비롯한 높은 산과 고원이 넓게 펼쳐져 있으며 서쪽으로 갈수록 지형이 낮아져 평야가 형성돼요. 그래서 북한에서 논농사를 짓는 곳은 대부분 서쪽에 있지요.

북한은 대한민국보다 산이 더 많고 위도도 높아 겨울이 매우 추워요. 한반도의 지붕이라고 불리는 개마고원 지대는 강수량이 적어서 옥수수, 감자, 메밀 등 밭농사를 주로 하고 소와 양을 키우기도 해요.

북한은 석탄, 마그네사이트 같은 지하자원이 아주 풍부한 나라예요. 특히 마그네사이트는 세계에서 가장 많이 묻힌 나라 중 하나라고 해요. 또 철광석, 무연탄, 텅스텐뿐만 아니라 첨단 산업에 꼭 필요한 희토류도 많이 묻혀 있지요. 압록강 주변과 두만강 상류, 백두산 지역에는 삼림 자원이 빼곡하답니다.

가 볼 만한 곳

백두산, 금강산, 평양직할시, 나선특별시

❶ 백두산 천지는 화산 폭발로 무너진 분화구에 물이 고여 만들어졌어요.

❷ 북한의 수도 평양의 모습이에요. 평양에는 오래된 역사 유적이 무척 많답니다.

초등 유튜버의 우리나라 지리 여행

초판 1쇄 발행 2026년 1월 2일

글 안현경 **그림** 이창우 **감수** 한동균
발행처 주식회사 스푼북 **발행인** 박상희 **총괄** 김남원
편집 길유진 박선정 이민주 이지은
디자인 이유연 권수아 정진희 **마케팅** 박병건 구혜정
출판신고 2016년 11월 15일 제2017- 000267호
주소 (03993) 서울시 마포구 월드컵북로6길 88-7 ky21빌딩 2층
전화 02- 6357- 0050(편집) 02- 6357- 0051(마케팅)
팩스 02- 6357- 0052 **전자우편** book@spoonbook.co.kr

ISBN 979-11- 6581-615-5 (73910)

제품명 초등 유튜버의 우리나라 지리 여행
제조자명 주식회사 스푼북 | **제조국명** 대한민국 | **전화번호** 02–6357–0050
주소 (03993) 서울시 마포구 월드컵북로6길 88–7 ky21빌딩 2층
제조년월 2026년 1월 2일 | **사용연령** 10세 이상
※ KC마크는 이 제품이 공통안전기준에 적합하였음을 의미합니다.

주 의
아이들이 모서리에 다치지 않게 주의하세요.